La Tromperie vit Toujours

Les Protocoles des Sages de Sion

Ian Day

DÉDICACE

Mon premier livre de poche est dédié à ma femme, à mes deux enfants et aux trois chats que nous avons au Ranch Diablo, notre maison en Arizona.

Table des matières

VALIDATIONS

Ian Day tient à remercier Cliff Caswell d'Abrandax Publishing pour son aide dans la publication de ces écrits.

« Cliff, tu as changé ma vie. »

1 Le grand mensonge contre la réalité

Les Protocoles des Sages de Sion sont une mystérieuse série de documents décrivant une conspiration juive pour mettre fin au monde.

Au XIXe siècle, la police tsariste russe a créé les protocoles pour désamorcer le règne inefficace de la famille Romanov, promouvoir l'antisémitisme et dépeindre les révolutionnaires potentiels comme des outils de la prétendue conspiration juive.

2 Conspiration juive

Les Protocoles des Sages de Sion ont été conçus pour désamorcer la domination inefficace de la Russie par la famille Romanov en créant des émeutiers pour le changement politique en tant qu'adhérents d'une conspiration juive pour dominer le monde.

Il a été utilisé comme une fausse doctrine pour provoquer des pogroms contre les communautés juives de Russie.

Lorsque de nombreux Biélorusses anticommunistes ont fui la Russie dans les années qui ont suivi la révolution bolchevique de 1917, le type particulier d'antisémitisme russe a voyagé avec eux, et le protocole a commencé à être traduit dans les langues d'Europe occidentale et au-delà.

Parmi les partisans les plus notables se trouvait l'industrie automobile Henry Ford. Le plus dommageable, cependant, a été son utilisation comme base philosophique pour MY FIGHT d'Adolf Hitler, qui s'est étendu à la persécution des Juifs en Allemagne et a culminé dans la réalité génocidaire des États-Unis.

L'influence des Protocoles sur la philosophie nazie d'Hitler était si grande que certains ont qualifié le document de « mandat d'arrêt pour génocide mondial ». Bien qu'il ait été connu comme un mensonge en Russie dès le début et que le public ait été dénoncé comme frauduleux dans les années 1920, des groupes antisémites du monde entier ont continué à publier les Protocoles.

Même aujourd'hui, les protocoles sont largement utilisés pour inciter à la haine religieuse, et des millions de personnes y croient encore, des groupes radicaux d'extrême droite aux sectes extrémistes chrétiennes américaines et aux islamistes fondamentalistes. Dans certains pays du Moyen-Orient, on les retrouve même dans les programmes scolaires. Ils sont clairement un mensonge qui ne mourra pas.

3 Créer le grand mensonge

Les Protocoles des Sages de Sion se composent de vingt-quatre Protocoles, qui sont prétendus être les documents écrits d'un groupe des plus hauts dirigeants juifs du monde vers la fin du XIXe siècle, où ils ont fait des plans pour parvenir à la domination du monde.

Le nombre des Sages de Sion serait de 300 hommes, et leur texte est positionné comme un saint conseil des anciens qui président les initiés juifs actuels et futurs.

Chacun des vingt-quatre protocoles (voir les grandes lignes: « Les vingt-quatre protocoles » à la fin de ce commentaire pour la liste) est divisé en une série d'aphorismes qui discutent des tactiques pour adopter un monde défini par les non-juifs: le mot yiddish pour un non-juif, laxisme et décadence.

Le plan est d'utiliser la faiblesse des non-Juifs contre eux-mêmes.

Les mouvements socialistes qui se sont répandus dans toute l'Europe aux XVIIIe et XIXe siècles sont présentés comme une conspiration ourdie par les Juifs pour tuer la population non juive.

Nous sommes apparus comme les sauveurs des travailleurs de cette oppression lorsque nous avons proposé de rejoindre les rangs de nos forces combattantes - socialistes, anarchistes, communistes - que nous soutenons toujours selon une règle fraternelle (la solidarité de toute l'humanité) de notre franc-maçonnerie sociale.

L'aristocratie, qui, selon la loi, appréciait le travail des ouvriers, s'intéressait au fait que les ouvriers étaient bien nourris, en bonne santé et forts.

C'est exactement le contraire qui s'intéresse : à la réduction des effectifs, au meurtre de non-juifs.

Notre force réside dans la pénurie chronique de nourriture et la faiblesse physique de l'ouvrier, car pour tout cela, il sera rendu esclave de notre volonté, et ne trouvera ni force ni énergie dans ses propres autorités pour s'opposer à notre volonté.

La famine crée le droit du capital de gouverner l'ouvrier plus solidement que ce qui a été donné à l'aristocratie par l'autorité légale du roi.

Dans ce récit, les libéraux et les révolutionnaires qui luttent pour le renversement des gouvernements dans l'intérêt apparent du peuple sont transformés en simples pions des Sages de Sion, qui les usurperont dès que l'ancien ordre sera éliminé. Il y a des sections traitant des systèmes financiers mondiaux, généralement la pierre angulaire pour ceux qui s'intéressent à la propagation des conspirations juives, tandis que d'autres sections évoquent d'autres mythes antisémites célèbres, tels que la diffamation du sang, dans laquelle les Juifs ont été accusés d'utiliser le sang frais des enfants chrétiens pour leurs fêtes de Pessah.

4 Débuts russes

Les Protocoles sont apparus pour la première fois sous forme de série entre le 28 août et le 7 septembre 1903 dans un journal de droite de Saint-Pétersbourg, Znamya (le drapeau).

Le rédacteur en chef et rédacteur en chef, Pavel Krushevan, était membre des Black Hundreds, un groupe d'antisémites et d'ultranationalistes de droite qui ont fait campagne pour la préservation de l'autorité de l'Église orthodoxe et du tsar.

Quatre mois avant sa publication, un autre journal de Krushevan, Besserabetz, avait contribué à provoquer un pogrom contre les Juifs à Kishinev (aujourd'hui Chisinau, la capitale de la Moldavie) qui avait tué 49 Juifs, blessé plus de 500 et détruit 700 maisons et entreprises.

5 Annexion allemande

En 1868, un écrivain allemand nommé Hermann Goedsche a publié un roman intitulé Biarritz sous le pseudonyme anglais Sir John Retcliffe.

L'intrigue tournait autour d'une cabale juive qui voulait conquérir le monde. Goedsche semble avoir été inspiré par l'écrivain français Maurice Joly, dont les Dialogues en enfer entre Machiavel et Montesquieu est une publication basée sur l'opposition à Napoléon III.

Goedsche, un antisémite notoire, a repris le dispositif de complot de Joly et a présenté les Juifs comme des méchants dans le complot.

Vers la fin du XIXe siècle, le tsar russe Nicolas II, dans un geste visant à renforcer sa position parmi le peuple russe et à affaiblir ses opposants politiques, a exigé un moyen qui exposerait ses ennemis comme des alliés dans une conspiration impliquant la domination du monde.

Suivant les instructions du tsar, la police secrète russe a pillé Ochrana plusieurs sources d'inspiration.

Ils l'ont trouvé dans le roman de Goedsche et en 1897 ont publié la section traitant de la conspiration juive comme un fait.

Huit ans plus tard, les Protocoles ont été traduits en anglais et largement diffusés sous forme de Protocoles enregistrés lors du Premier Congrès sioniste, tenu à Bâle (Suisse) en 1897 sous la présidence du « père du sionisme moderne », Theodor Herzl.

Les protocoles sont destinés à être lus comme un manuel d'instructions pour la gestion du monde. Dans le projet ambitieux de domination du monde, disent les documents, les francs-maçons, dont l'agenda est manipulé par les personnes âgées, et les Illuminati bavarois, qui sont des imbéciles ou des participants volontaires, aident.

6 Grande à petite échelle

Les Protocoles ont été publiés dans leur intégralité en 1905, en tant que dernier chapitre du tome apocalyptique du fanatique religieux Serguéï Nilus, LE GRAND DANS LE PETIT : L'Antéchrist considéré comme une possibilité politique imminente, note un croyant orthodoxe.

Nile voyait le monde en termes religieux.

Pour lui, la révolution socialiste était analogue aux prédictions du livre biblique de l'Apocalypse selon lesquelles, avant le retour du Christ, l'Antéchrist viendrait, serait célébré par les Juifs comme le Messie et prendrait le contrôle de la domination du monde.

Il prétendait avoir vu des documents secrets selon lesquels le roi Salomon le Sage avait rencontré son conseil d'anciens dans la citadelle de Jérusalem dès 929 av. J.-C. pour élaborer un plan visant à conquérir le monde sans effusion de sang.

Au cours des siècles qui ont suivi, ce plan avait été affiné par des générations successives d'anciens juifs au point qu'il était maintenant (selon Nilus) sur le point d'être mis en œuvre avec succès.

La copie des Protocoles qu'il a publiée, a-t-il affirmé, avait été volée à des anciens juifs et lui avait été donnée par une source anonyme.

7 L'évolution de la fraude

En tant qu'avocat et mystique, Serguéï Nilus a bénéficié des superstitions et des intrigues de la cour russe au tournant du siècle.

Sa femme avait de l'influence sur la tsarine et sa sœur, ce qui a donné à Nile la permission de publier les Protocoles, levant l'interdiction antérieure de Nicolas II.

Dans de nombreuses éditions ultérieures, son histoire sur la façon dont il a mis la main dessus a changé plus d'une fois.

Dans l'introduction de son livre de 1911, Nilus a écrit:

« En 1901, grâce à une de mes connaissances (feu le maréchal de la cour Alexei Nikolayevich Sukotin de Tchernigov), j'ai réussi à obtenir un manuscrit qui, avec une perfection et une clarté inhabituelles, montrait le cours et le développement du Juif secret qui m'avait donné ce manuscrit, garantissant qu'il s'agissait d'une traduction fidèle des documents originaux, écrite par un jeune entrepreneur de l'un des dirigeants les plus élevés et les plus influents de la franc-maçonnerie. rencontre exclusive quelque part en France, le nid bien-aimé de la conspiration maçonnique.

Cependant, dans son édition de 1905, Nilus a affirmé que les Actes avaient été écrits lors d'une réunion des Sages de Sion en 1902-03. Au moment de son édition de 1917, la police avait de nouveau changé.

Cette fois-ci était censée être la première conférence sioniste, tenue en 1897 à Bâle, en Suisse. Il a déclaré qu'il s'agissait de la circulaire 19 de la Conférence. Cependant, ce document n'a jamais été retrouvé et il est hautement improbable qu'il ait jamais existé.

Dans une postface à la première édition anglaise, publiée en 1920, Nilus changea à nouveau d'avis, déclarant : « Mon ami les trouva dans les caveaux du siège de la Compagnie de Sion, qui sont maintenant en France. »

8 Distraction de l'incompétence

Il peut sembler ridicule qu'un travail aussi mal vérifié d'un pseudo-philosophe de second ordre gagne en importance dans le débat politique russe.

Cependant, la Russie à cette époque était un endroit ridicule.

Le tsar et sa femme ont été fortement influencés par des mystiques et des charlatans charismatiques tels que Raspoutine.

Le tsar Nicolas avait embrassé la personnalité autocratique de son père, mais n'avait pas la capacité intellectuelle de gouverner efficacement, le rendant vulnérable à la fois aux vues de fanatiques religieux tels que Nile, qui idéalisait le tsar, et à des forces ultra-nationalistes plus capables, telles que les Cent-Noirs.

Comme son père, Alexandre III, Nicolas était un antisémite convaincu.

Les Protocoles ont été introduits dans la maison royale par le grand-duc Sergueï Alexandrovitch, qui était également gouverneur de Moscou, avait des liens étroits avec les Cent-Noirs et était personnellement impliqué dans la discrimination contre les Juifs.

Sergueï n'était pas seulement l'oncle du tsar, mais il était également marié à Elizaveta, la sœur de la tsarine Alexandra.

On ne sait pas exactement quand Nicolas a été autorisé à lire les protocoles, bien qu'il ait précédé leur publication. Sa première réaction a été enthousiaste.

Ils étaient une distraction agréable et désinvolte des effets de sa propre incompétence et ont contribué à renforcer sa conviction que « la main directrice et destructrice du judaïsme peut être vue partout ».

Comme Adolf Hitler, il prévoyait de consacrer les Protocoles comme pivot de sa politique.

Cependant, son ministre de l'Intérieur, Piotr Stolypine, a demandé à plusieurs personnes d'examiner les dossiers pour voir s'ils pouvaient être utilisés comme base pour une campagne antisémite majeure, seulement pour déterminer qu'il s'agissait d'une arnaque.

En entendant cela, Nicolas, qui était incompétent mais conservait le sens de l'honneur, ordonna : « Abandonnez les protocoles ! Vous ne pouvez pas défendre quelque chose de pur avec des méthodes sales. »

En conséquence, les protocoles ont été interdits.

En conclusion, le dernier tsar russe Nicolas II, qui a été assassiné par les bolcheviks pendant la révolution russe pour détourner l'attention de ses propres problèmes, a encouragé le gouvernement russe à promouvoir des théories du complot antisémites.

Quand il a lu les Protocoles pour la première fois, il était ravi.

Cependant, lorsqu'il a découvert qu'il s'agissait très probablement d'une arnaque, son sens de l'honneur a prévalu et l'a empêché de les utiliser officiellement pour inciter au sentiment et à la rhétorique antisémites.

9 Publication des protocoles

Ce n'est pas parce que le tsar s'était lavé les mains qu'il était fini.

Beaucoup du côté ultra-nationaliste de la politique étaient préoccupés par la capacité du tsar à surfer sur la vague du libéralisme, tandis que des politiciens comme Stolypine, qui proposaient de stabiliser la société russe en créant une classe de paysans riches, étaient perçus par la gauche et la droite comme une menace pour leur programme.

La princesse Elizaveta s'inquiétait du refroidissement des relations entre la sœur de son tsar et elle-même.

L'une des raisons en est l'influence de l'occultiste et hypnotiseur français Pierre Vachet à la cour. Elizaveta réussit à faire remplacer le Français par un mystique plus russe.

Ses pensées se tournèrent vers Sergueï Nilus.

La tentative a échoué, mais en amenant Nile à la cour, Elizaveta a réussi à le marier à l'une des demoiselles d'honneur de la tsarine.

Elena Ozeroa, dont l'oncle Philip Stepanov a présenté pour la première fois les Protocoles au grand-duc Sergueï.

Au nom de son mari Nilus, il était qualifié comme avocat, mais n'était pas trop mystique pour en faire beaucoup.

Ozeroa a demandé au comité de censure du gouvernement de lever l'interdiction des protocoles afin que son mari puisse les utiliser dans son livre.

Dans le contexte de la révolution chaotique de 1905 (qui assassina le grand-duc Sergueï, connu pour son ultra-conservatisme et sa cruauté), Nilus reçut la permission de publier les Protocoles en septembre 1905.

Puisque chaque édition et traduction dans le monde peut être retracée à cette édition, c'était le moment où l'avenir de l'un des plus grands mensonges de l'histoire était assuré.

10 Le mensonge se propage à l'Europe occidentale

Alors que la crise politique en Russie se transformait en révolution bolchevique de 1917, les ultranationalistes cherchaient de plus en plus à gagner le soutien des paysans en liant les révolutionnaires bolcheviks à une conspiration juive pour la domination du monde.

Ils ont été aidés en cela par le fait qu'il y avait pas mal de bolcheviks juifs, notamment le dirigeant révolutionnaire Léon Trotsky.

Lorsque l'Armée rouge a pris le dessus dans la révolution, de nombreux Biélorusses ont fui vers l'Europe et l'Amérique.

Pour beaucoup de ces Russes déplacés qui avaient perdu leurs terres, leur statut social et leurs possessions, la révolution de 1917 était la preuve que les Protocoles étaient vrais.

Certains ont pris des copies du texte de Nilus, qui contenait les Protocoles, et à partir de ceux-ci les Protocoles ont été traduits dans d'autres langues européennes.

L'association de la révolution bolchevique avec une conspiration juive répandue par les Biélorusses a attiré l'attention des antisémites du monde entier.

Il est intéressant de noter que le journaliste Carl Ackerman fait référence aux bolcheviks dans la première édition anglaise publiée dans le Philadelphia Public Ledger.

La première édition explicitement antisémite en anglais parut en Grande-Bretagne en 1920 dans le Morning Post.

Cela a été suivi la même année par une traduction anonyme intitulée The Jewish Peril par un éditeur raciste, les Britons. Les dépenses supplémentaires ne se sont pas fait attendre.

Peut-être l'homme le plus puissant qui s'est accroché aux Protocoles et a couru avec eux était Henry Ford, qui a acheté le journal Dearborn Independent principalement pour exercer ses croyances antisémites.

Alors que beaucoup de gens identifiaient le danger juif avec les bolcheviks, d'autres en Amérique, comme Ford, étaient préoccupés par l'hégémonie juive perçue sur l'industrie financière dans le monde entier et l'industrie cinématographique en plein essor à Hollywood, en Californie.

La bonne chose à propos des protocoles, du moins pour les antisémites croyant conspirationnistes, était qu'ils fournissaient une théorie qui pouvait être utilisée contre l'influence perçue des Juifs, qu'ils soient de gauche ou de droite, piliers de la société ou révolutionnaires.

11 Invention littéraire

Au fur et à mesure que les documents circulaient dans les principales langues européennes et étaient lus par des millions de personnes, les preuves ont commencé à s'accumuler qu'il s'agissait d'une arnaque.

Nilus était probablement assez fanatique pour croire que l'histoire qu'on lui avait donnée était la vérité.

Cependant, comme l'a montré la décision initiale de Nicolas de ne pas autoriser la publication des protocoles, beaucoup en Russie pensaient qu'il s'agissait d'une arnaque dès le début.

Cependant, l'ampleur de la fraude n'est devenue apparente qu'au fur et à mesure que les traductions se multipliaient et que de plus en plus de gens devenaient curieux de connaître l'origine de cet étrange document.

Peut-être la percée a-t-elle eu lieu en 1921, lorsque le

correspondant du Times anglais à Constantinople, Phillip Graves, a été approché avec un manuscrit par un émigré russe en difficulté financière.

Bien que la couverture manquait, elle avait été imprimée à Genève en 1864. Graves a écrit dans The Times :

« Avant de recevoir le livre de M. X, j'étais, comme je l'ai dit, incrédule. Il ne croyait pas que les protocoles de Sergueï Nilus étaient authentiques; Ils ont trop expliqué avec la théorie d'une grande conspiration juive. Le récit du professeur Nilus sur la façon dont ils ont été obtenus était trop mélodramatique pour être crédible, et il était difficile de croire que d'authentiques « érudits de Sion » n'auraient pas produit un plan politique plus intelligent que les sous-titres grossiers et théâtraux des Protocoles. Mais je n'aurais pas pu le croire si je n'avais pas vu que l'écrivain qui a fourni à Nilus ses originaux était un plagiaire négligent et éhonté.

Il ne savait pas que Graves avait reçu de son M. X une copie d'une brochure écrite en français par Marice Joly pour satiriser l'ambition du Français Louis Napoléon, le neveu ambitieux, autoritaire et finalement désastreux de Napoléon qui a gouverné la France de 1852 à 1870.

Sur la couverture manquante se trouvait Dialogue aux enfers entre Machiavel et Montesquieu.

Dans le texte, les deux philosophes se rencontrent sur une plage isolée en enfer et profitent d'un dialogue socratique. Montesquieu, l'essayiste et philosophe français des Lumières, défend la cause libérale, tandis que Machiavel s'y tient comme une allusion à peine dépouillée à l'hausmannisation de Paris, dans laquelle de nombreux vieux quartiers de Paris ont été démolis pour faire place aux grands boulevards d'aujourd'hui, à l'extravagance financière de Louis Napoléon et à son utilisation des sociétés secrètes comme agent de politique étrangère.

Joly a été arrêté et emprisonné alors qu'il tentait de faire passer clandestinement des copies de la brochure en France, et s'est finalement suicidé en 1879. Il n'aurait jamais pu imaginer qu'il deviendrait à titre posthume l'auteur de grandes parties des Protocoles de Sion. Bien que la police française ait détruit la plupart des copies de ses Dialogues de Genève, une copie survivante a fini entre les mains des services secrets tsaristes, l'Ochrana, à Genève. L'article de Grave a montré que des planches entières du livre de Joly ont été traduites en russe puis copiées dans Les Protocoles.

PAR EXEMPLE:
« Vous ne connaissez pas la mesquinerie sans bornes des peuples... rampant de violence, impitoyable avec les faibles, impitoyable avec les erreurs, indulgent avec le crime, incapable de supporter les contradictions d'un régime libre, et patient jusqu'au martyre sous la violence d'un despotisme audacieux... donnant des maîtres à ceux qui pardonnent des actes dont ils auraient le moins décapité vingt rois constitutionnels.
--Machiavel, dans: Les Dialogues de Genève, p. 43

PAR RAPPORT À :
« Dans leur profonde mesquinerie, les peuples chrétiens aident notre indépendance : quand ils s'agenouillent, ils se recroquevillent devant le pouvoir ; s'ils sont impitoyables envers les faibles; impitoyable dans le traitement des erreurs, indulgence avec les crimes; Quand ils refusent de

reconnaître les contradictions de la liberté, quand ils sont patients jusqu'au martyre, quand ils endurent la violence du despotisme audacieux. Aux mains de leurs dictateurs, premiers ministres et ministres actuels, ils subissent des abus pour lesquels ils auraient assassiné vingt rois.
— Les Protocoles des Sages de Sion, p. 15

Les Dialogues de Genève n'ont pas été le seul texte utilisé dans la rédaction des Protocoles. L'idée d'une réunion des Sages de Sion remonte à un roman de Sir John Retcliffe intitulé Biarritz. Retcliffe n'était pas du tout un gentleman. C'est plutôt Hermann Goedsche, un postier prussien et réactionnaire qui a été renvoyé de la poste prussienne pour avoir falsifié des lettres impliquant le dirigeant démocrate Benedic Waldeck dans un complot contre le régime prussien. Sans revenu, Goedsche a commencé à écrire des romans d'amour sensationnalistes. Il était aussi un antisémite déclaré.
Biarritz a été publié en 1868. Dans un chapitre, « Dans le cimetière juif de Prague », Goedsche, ignorant que les dix des douze tribus d'Israël n'existaient plus, a écrit une scène dans laquelle les douze dirigeants juifs rencontrent Satan dans un cimetière, rapportent l'état de sa conspiration pour dominer le monde et partent avec l'intention d'être les rois du monde au cours du siècle.

Bon nombre des stratégies discutées pour atteindre cette domination semblent avoir été copiées directement des dialogues de Joly.

Étant donné que le chapitre sur le cimetière juif du roman de Goedsche a été traduit en russe et distribué indépendamment sous forme de brochure, il est très probable qu'il ait été le catalyseur de la fusion éventuelle des deux textes dans les Protocoles.

des deux textes dans les Protocoles.

12 Auteur encore inconnu

Donc, si ce ne sont pas les Sages de Sion qui ont écrit le document, qui l'a écrit ?

On ne sait pas exactement qui a écrit les Protocoles, mais il est probable que la fraude ait été créée sur les instructions du chef de l'Ochrana de Paris de l'époque, Pyotr Rachovsky, dans le but de lier les opposants du tsar à une conspiration juive mondiale.

L'homme le plus identifié à son écriture est Mathieu Golovinsky, un aristocrate russe dont le père était un ami de l'écrivain Fiodor Dostoïevski. À l'université, Golovinsky a rejoint la Sainte Confrérie, une société secrète ultra-nationaliste et antisémite qui utilisait de faux documents pour discréditer les révolutionnaires.

De là, il a travaillé pour le département de presse du gouvernement tsariste en tant que spin doctor et soudoyant des journalistes.

Finalement, ses intrigues l'ont submergé et il a été dénoncé comme informateur par l'écrivain Maxime Gorki et renvoyé.

Golovinski est devenu une sorte de pigiste et a travaillé avec le fils de Maurice Joly dans un journal parisien, où il a probablement découvert les Dialogues de Genève.

Il a été engagé par Rachovsky pour écrire les Protocoles comme un article de propagande.

Golovinsky s'est avéré être un homme d'intrigue et d'opportunisme plutôt que d'idéaux, planifiant pour les bolcheviks après la révolution de 1917 jusqu'à sa mort en 1920.

C'est au cours de cette période que sa fraude a commencé à étendre son influence dans le monde.

13 Signification de la tromperie

La mesure dans laquelle toute l'existence de ce peuple est basée sur un mensonge perpétuel est incomparablement démontrée par les Protocoles des Sages de Sion, si infiniment haïs par les Juifs.

Basé sur un faux, le Frankfurter Zeitung gémit et crie une fois par semaine: la meilleure preuve de son authenticité.

Ce que beaucoup de Juifs peuvent faire inconsciemment est délibérément exposé ici. Et c'est ce qui compte.

Mein Kampf a été écrit alors qu'Hitler était en prison et publié en 1926.

Mon combat était un amalgame grandiloquent d'autobiographie et de philosophie politique.

Leur antisémitisme était largement basé sur une croyance fervente dans les Protocoles des Sages de Sion.

« Peu importe de quel cerveau juif proviennent ces révélations ; L'important est qu'ils révèlent avec une certitude presque terrifiante la nature et l'activité du peuple juif, révélant leurs connexions intérieures ainsi que leurs buts ultimes. Cependant, la meilleure critique à leur égard est la réalité. Quiconque regarde le développement historique des cent dernières années du point de vue de ce livre est devenu la propriété commune d'un peuple, la menace juive peut être considérée comme brisée. « - Mein Kampf par Adolf Hitler

L'importance des Protocoles réside principalement dans le fait qu'Hitler les a utilisés comme base pour son antisémitisme.

La dévastation infligée à l'Allemagne par les termes de la capitulation du traité de Versailles a créé des conditions extrêmement propices aux théories du complot.

Les protocoles sont arrivés au bon moment et ont immédiatement trouvé un public allemand enthousiaste.

Bien que les livres et les articles aient dépeint les Protocoles comme un mensonge depuis au moins 1920, Hitler, comme beaucoup d'autres depuis, n'a eu aucun mal à les affirmer comme étant la vérité.

Bien qu'il soit peu probable que l'absence de protocoles aurait empêché la montée d'Hitler et de son antisémitisme enragé, ils ont été utiles et, en tant que tels, peuvent être considérés comme un facteur contribuant à la montée des nazis et du racisme.

14 Henry Ford

D'autres adeptes notables des protocoles de cette époque étaient le constructeur automobile et fou politique Henry Ford, qui était un antisémite déclaré et a même acheté un journal, The Dearborn Independent, principalement pour exposer ses opinions antisémites.

Il était l'un des plus ardents défenseurs de la vérité des Protocoles des Sages de Sion.

Lorsqu'il s'est finalement rendu compte que les dossiers étaient une arnaque, il a prétendu de manière peu convaincante que son personnel l'avait induit en erreur.

Dans un communiqué, Ford a déclaré:

« La seule déclaration que je veux faire à propos des
protocoles est qu'ils sont conformes à ce qui se passe. Ils
ont maintenant seize ans et se sont adaptés à la situation
mondiale jusqu'à présent. Maintenant, ils s'adaptent.

Malgré toutes les preuves du contraire, Ford a maintenu la
véracité des protocoles jusqu'en 1927, date à laquelle il a été
forcé de se rétracter publiquement, ce qu'il a fait en
renvoyant la balle à ses associés, au motif peu convaincant
qu'il avait été trompé en croyant leur authenticité.

Compte tenu du rôle central de Ford dans le complexe
militaro-industriel américain et de son admiration pour
Hitler, il est possible que les Protocoles aient joué un petit
rôle dans l'atmosphère politique qui a provoqué l'entrée
tardive des États-Unis dans la Seconde Guerre mondiale.

On pourrait penser que les protocoles post-Holocauste
seraient entrés dans l'histoire comme l'un des mensonges
les plus laids au monde.

Pourtant, ils continuent de prospérer, en particulier au
Moyen-Orient, où ils contribuent à alimenter des conflits
de longue date entre les Israéliens et le monde arabe.

Dans certains pays, comme l'Arabie saoudite, les protocoles
peuvent même être trouvés dans les programmes scolaires.

Les élites dirigeantes oppressives de ces pays voient la même opportunité que le tsar Nicolas : les Protocoles sont un moyen commode de trouver des boucs émissaires pour les mauvaises conditions de vie dans lesquelles vivent encore la plupart des habitants du monde arabe.

Paradoxalement, comme il est vrai, l'un des autres principaux partisans des Protocoles tend à être des groupes chrétiens conservateurs.

La montée du néonazisme, en particulier parmi les nombreuses personnes mécontentes de l'ancien bloc soviétique, est un autre endroit où les protocoles sont ravivés entre les mains de gens qui ne se soucient pas de l'authenticité des mensonges.

15 Enseignements pratiques tirés des Protocoles

Le Protocole n° 1, par exemple: « Par conséquent, dans le gouvernement du monde, les meilleurs résultats sont obtenus par la violence et l'intimidation, et non par des discussions académiques », tandis que le Protocole n° 23 propose de rendre le public malheureux et donc de le supprimer en adoptant des lois qui interdisent l'achat ou la vente de boissons alcoolisées et violent l'ivresse publique.

Bon nombre des protocoles les plus troublants ont été adoptés par les politiciens de droite de leur époque pour motiver leurs partisans les plus ardents. En choisissant les objets qui répondaient le mieux à leurs besoins et en les chargeant sur le char antisémite toujours roulant, tout le monde, y compris Adolf Hitler, a prétendu que les Protocoles étaient authentiques. Ils sont devenus un trésor de justifications pour les racistes.

« Nous détruirons parmi les masses l'importance de la famille et ses valeurs éducatives », a déclaré le Protocole n° 10.

Le numéro 12 a promis : « Nous allons seller et contrôler la presse... Pas une seule publicité n'atteindra le public sans notre contrôle. »

Pour serrer un peu plus la vis, le Protocole n° 14 proclamait : « Il ne sera pas souhaitable pour nous qu'il y ait une autre religion que la nôtre... Par conséquent, nous devons balayer toutes les autres formes de foi. »

Dans le chaos économique et politique qui a suivi la Première Guerre mondiale et la Révolution russe, il n'a fallu qu'une brève référence aux Protocoles pour une grande partie de la culture populaire américaine et européenne pour les prendre comme preuve d'une cabale secrète de Juifs cherchant à dominer le monde.

Parmi ses défenseurs, comme mentionné ci-dessus, se trouvait le magnat de l'automobile Henry Ford lorsqu'il a fondé le journal Dearborn Independent en 1920, en partie pour diffuser les Protocoles.

En outre, Hitler a cité les protocoles dans « Mein Kampf » et des extraits du livre ont été lus au parlement roumain pour justifier l'expulsion des Juifs du pays.

16 Les vingt-quatre protocoles

Les vingt-quatre protocoles des Sages de Sion décrivent comment les Juifs gouverneront le monde.

Voici un aperçu des vingt-quatre protocoles :

Protocole I : La doctrine fondamentale
Protocole II : Guerre économique
Protocole III : Méthodes de conquête
Protocole IV : Le matérialisme remplace la religion
Protocole V : Despotisme et progrès moderne
Protocole VI: Techniques d'adoption
Protocole VII : Des guerres mondiales sans fin
Protocole VIII : Gouvernement provisoire
Protocole IX : Rééducation des masses
Protocole X : Préparation de l'alimentation électrique
Protocole XI : L'État totalitaire
Protocole XII: Contrôle de la presse
Protocole XIII : Distractions
Protocole XIV : Attaque contre la religion
Protocole XV : Répression impitoyable

À PROPOS DE L'AUTEUR

Ian Day est né en Australie. Il vit avec sa femme, ses deux enfants et ses trois chats dans leur ranch Rancho Diablo de 35 acres en Arizona.